SICILY

"La Terra dei Fuochi"

by

Giacomo Palermo

Photographer

Introduzione
di
Marco Pinna
National Geographic Italia

Giacomo Palermo non è un fotografo convenzionale. In verità non è facile descriverlo secondo i canoni tradizionali della fotografia, o dargli un'etichetta, perché sfugge alle logiche del mercato, alle categorie che in genere si ascrivono ai fotografi. Lo stesso si può dire della sua fotografia.

Le immagini che vedete in questo progetto sono in apparenza sfuggenti; lontane dalle tendenze della fotografia contemporanea, a un primo sguardo possono lasciare perplessi chi frequenta il settore.

Per capire le foto di Giacomo bisogna capire il personaggio. Siciliano di nascita e di appartenenza, impulsivo, spesso sopra le righe, Giacomo è un "Fotografo Umanitario", e il suo approccio alla fotografia è senza dubbio istintivo, "di pancia" come si sul dire.

Nonostante l'uso di un linguaggio visivo poco convenzionale (o forse proprio grazie a esso), Giacomo riesce in qualche modo a cogliere quest'anima dei popoli che si affacciano sul Mediterraneo, a raccontare, non tanto nei fatti quanto delle sensazioni, l'essenza di uno stile di vita millenario che in queste immagini si rivela in tutta la sua semplicità e, soprattutto, in tutta la sua umanità.

Prefazione
di
prof. Aurelio Angelini
UNESCO

La Sicilia, la gente, i costumi e i riti sono la rappresentazione del suo essere regione mediterranea. Terra che da millenni ospita e in cui si incrociano e si integrano culture e popoli diversi. Il Mediterraneo contiene una straordinaria ricchezza di luoghi, di città, di culture, di diversità culturale, religiosa, biologica e paesaggistica. Il Mediterraneo che rappresenta anche la linea di demarcazione fra ricchezza e povertà, tra pace e guerra, tra libertà e oppressione, elementi questi che con forme e accenti diversi si ritrovano negli scatti e nell'immagine della Sicilia impressi da Giacomo Palermo.

L'immigrazione è divenuta un macrofenomeno sociale in Europa, che si è trovata ad accogliere numeri sempre crescenti di stranieri, e si assiste, alla presenza di immigrati di seconda, o anche di terza, generazione, ma questa è la storia di oggi, ma la Sicilia di oggi e dei secoli scorsi è la terra di immigrati e di migranti, è terra dei popoli mediterranei, un esempio di convivenza di persone di provenienza da diverse componenti culturali che hanno generato una civiltà mediterraneo-europea.

L'opera di Giacomo Palermo ci racconta questa storia, ritroviamo nei colori con nelle espressioni questa vicenda millenaria attraverso la foto come allegoria e non come oggetto, immagine che narra una storia di una umanità meticciata che è specchio del sincretismo culturale di una Sicilia e di siciliani "vetrina" del paesaggio e dell'umanità mediterranea, nella sua accezione più ampia, che ci permette di cogliere gli aspetti più importanti del Mediterraneo.

Oggi la nostra memoria è ricca di una quantità *infinità* di scatti fotografici fatti con i telefonini che ci distraggono dalla straordinarietà bellezza dell'arte fotografica, essendo entrata la foto nel quotidiano di ognuno, modificando l'idea dell'attimo impresso in uno scatto come ricordo. Le fotografie di Giacomo Palermo che immortalano volti, paesaggi, storie, riescono a mitizzare un luogo: il Mediterraneo, come rappresentazione della natura e dell'umano, contrasto e sintesi nello stesso tempo che ci permette di *visitare* questo luogo senza spostarci e vivere emozioni straordinarie, godendo dell'unicità spazio-temporale dello scatto che ci restituisce l'autenticità di un luogo come racconto e un racconto come una storia.

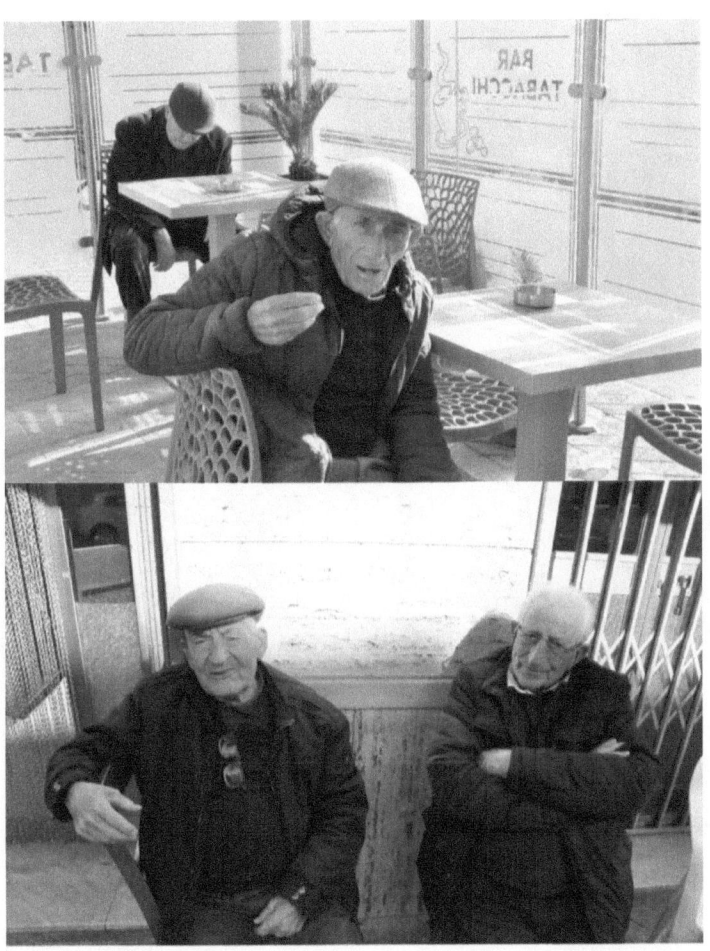

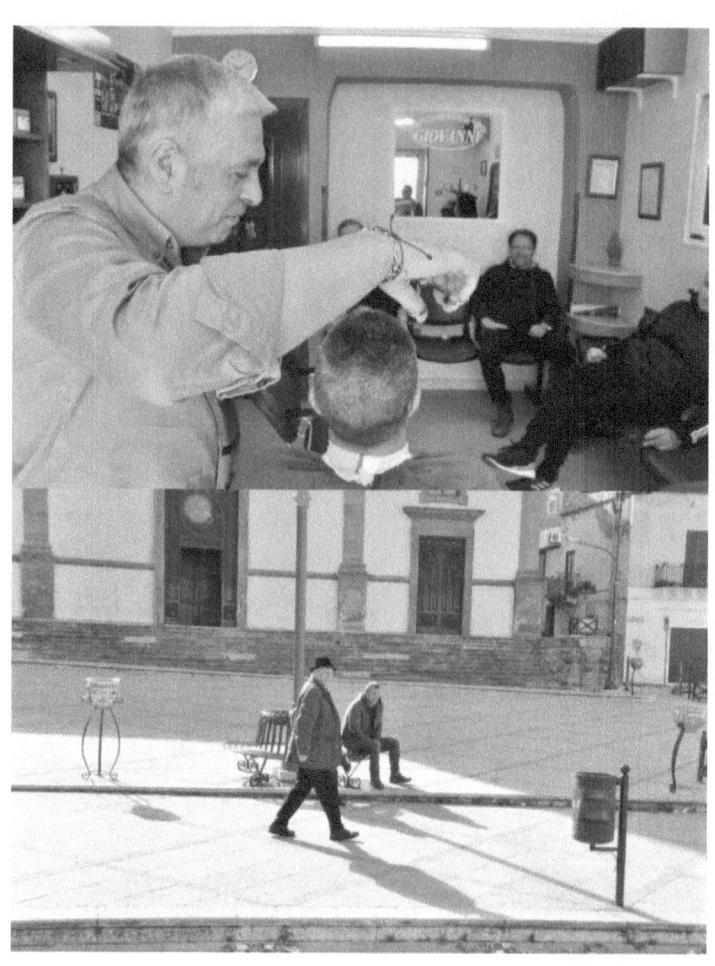

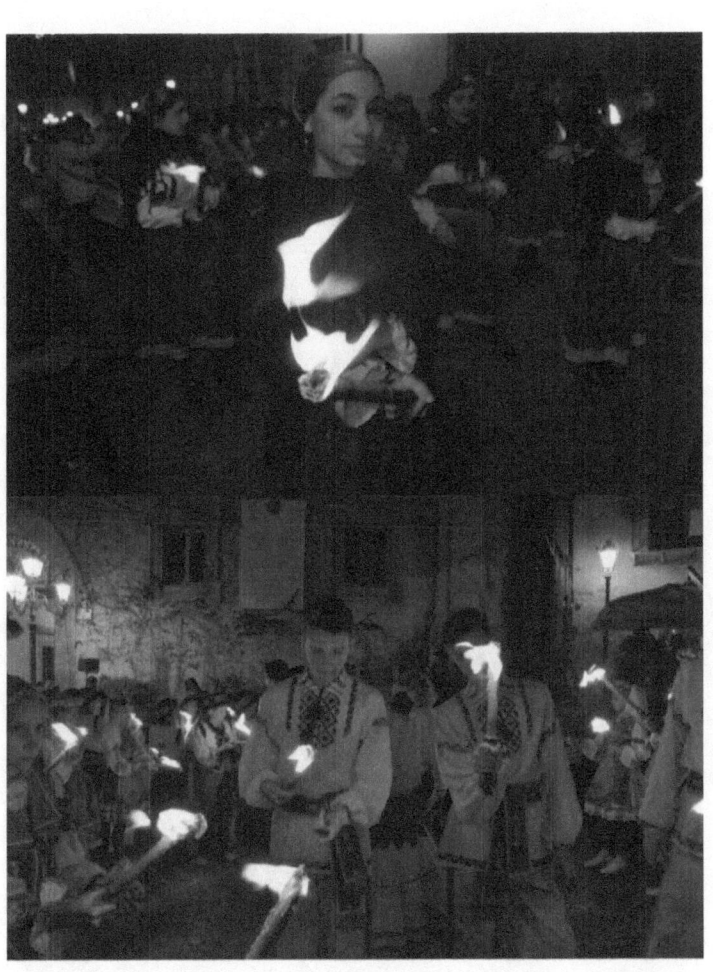

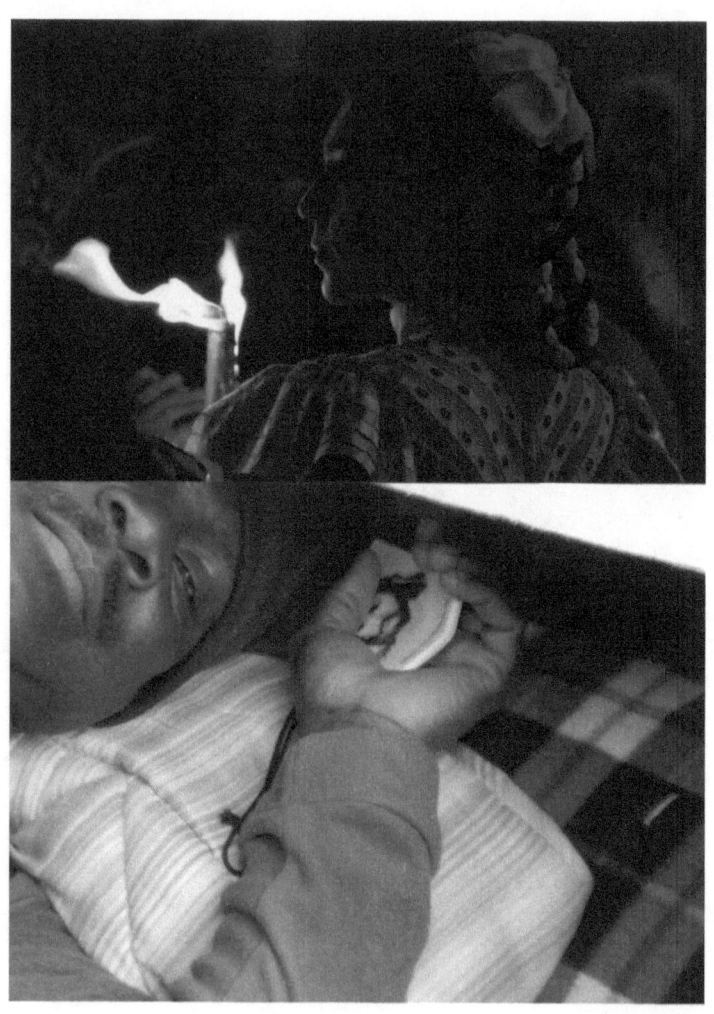

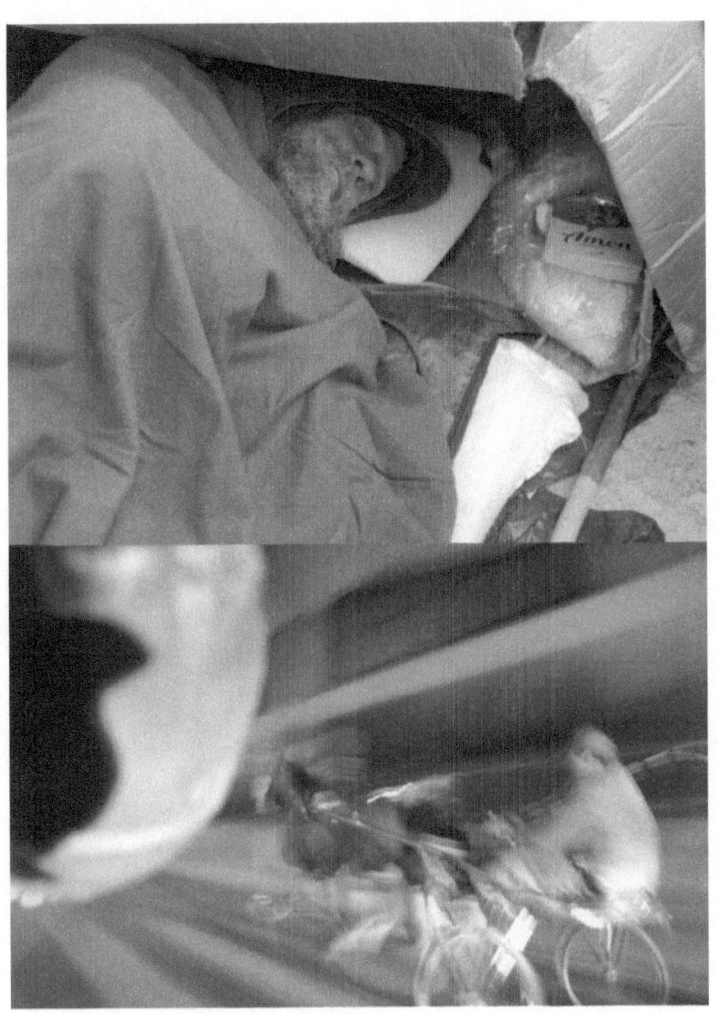

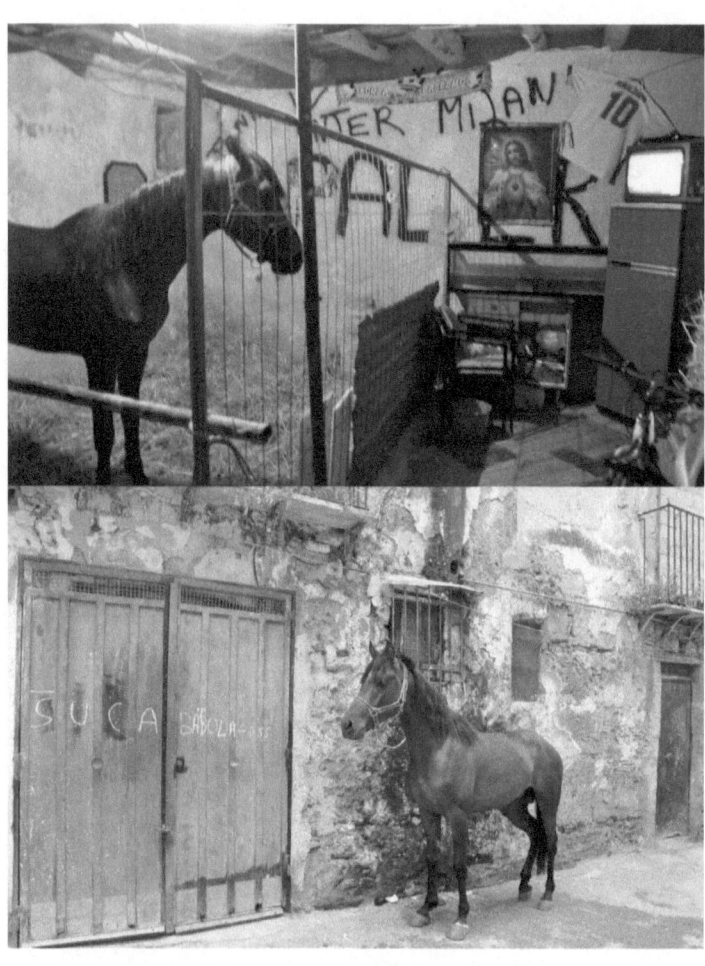

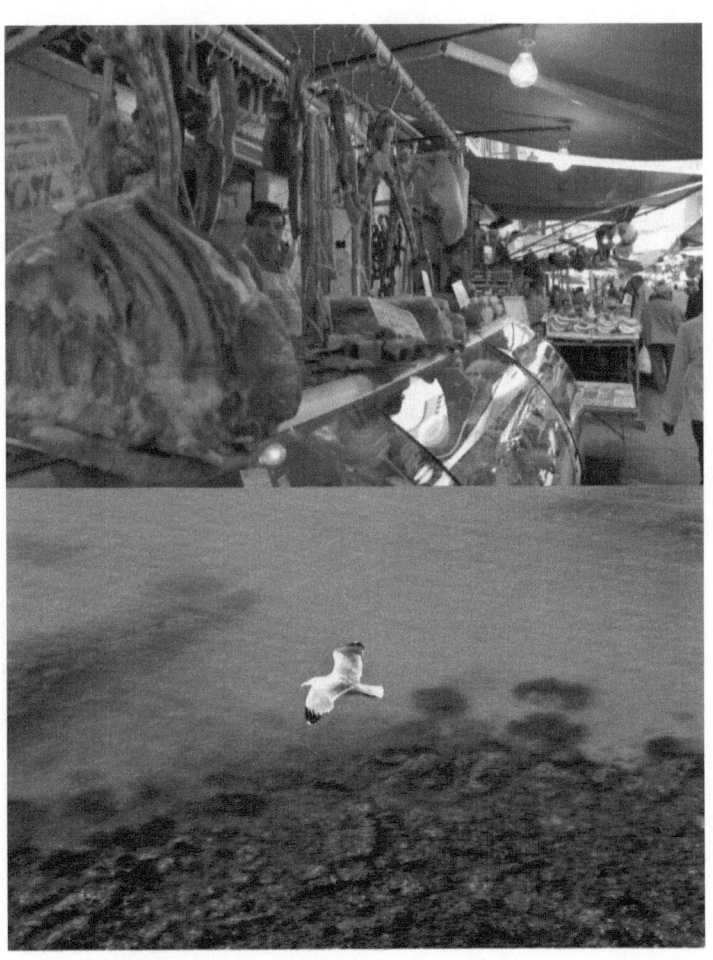

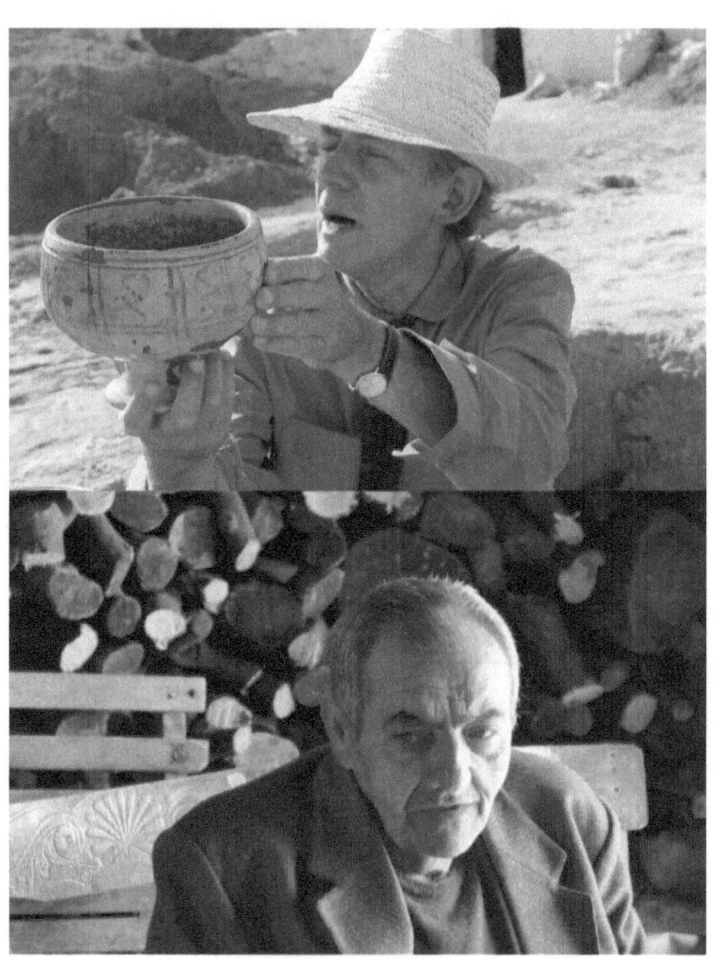

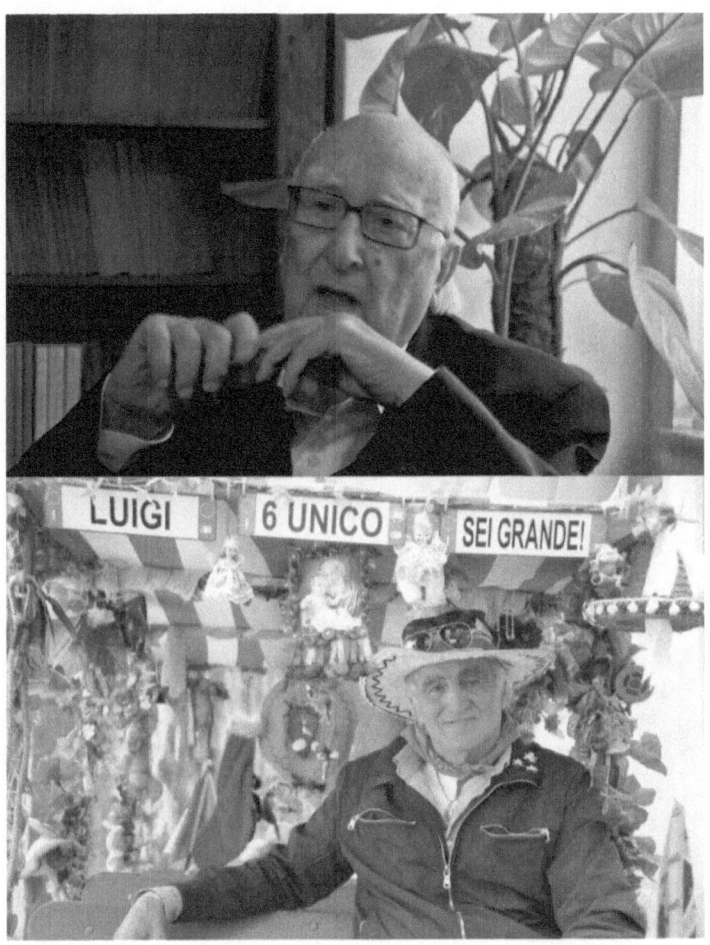

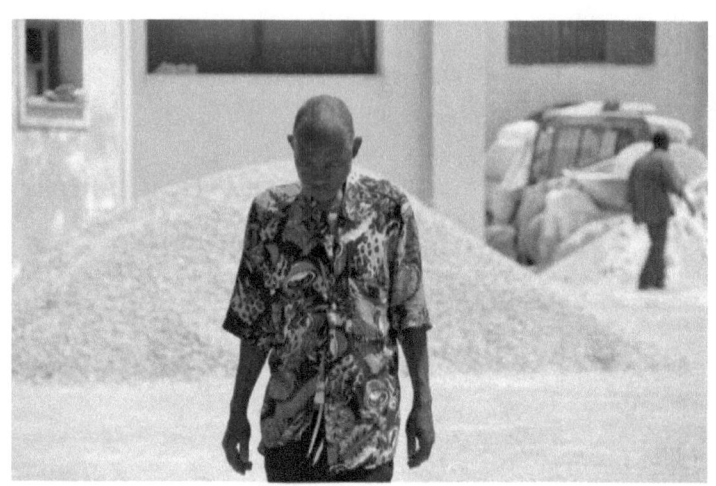

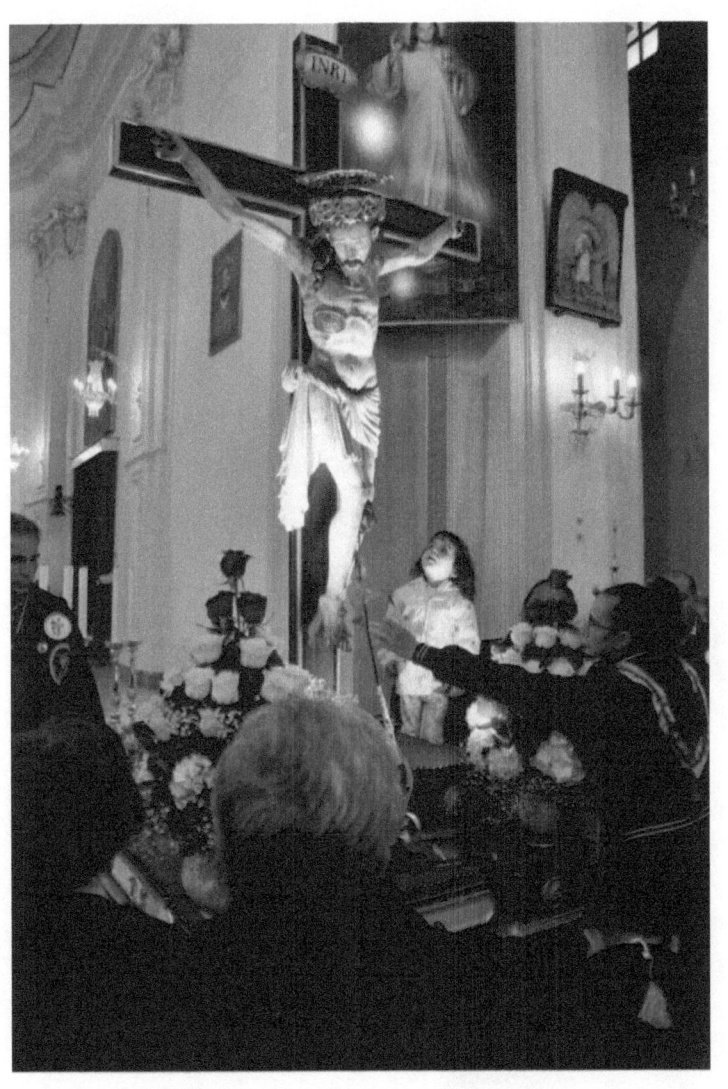

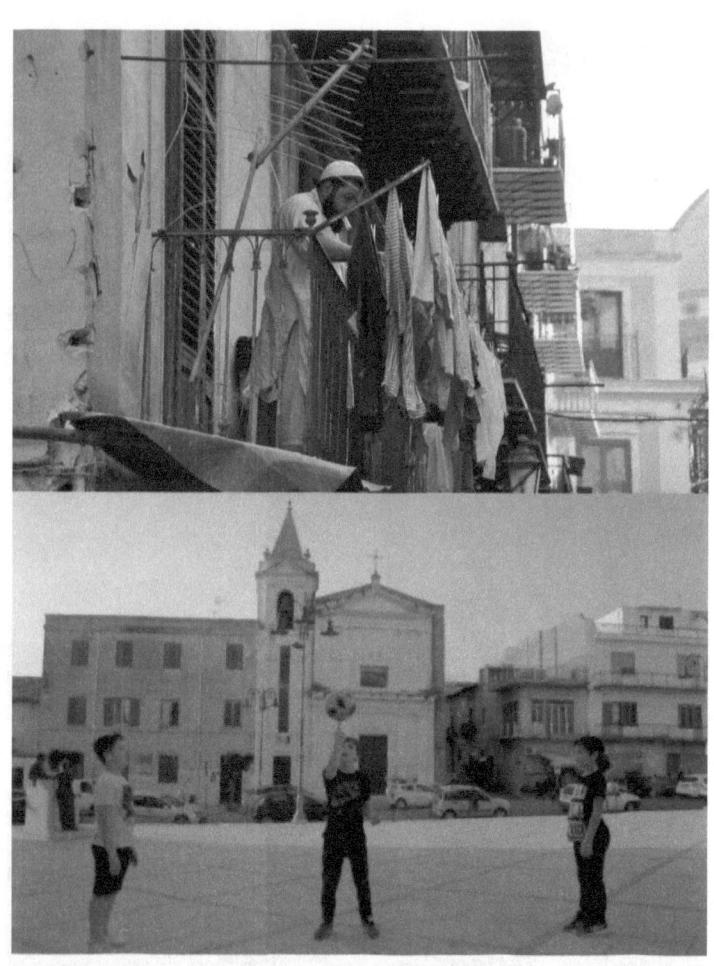

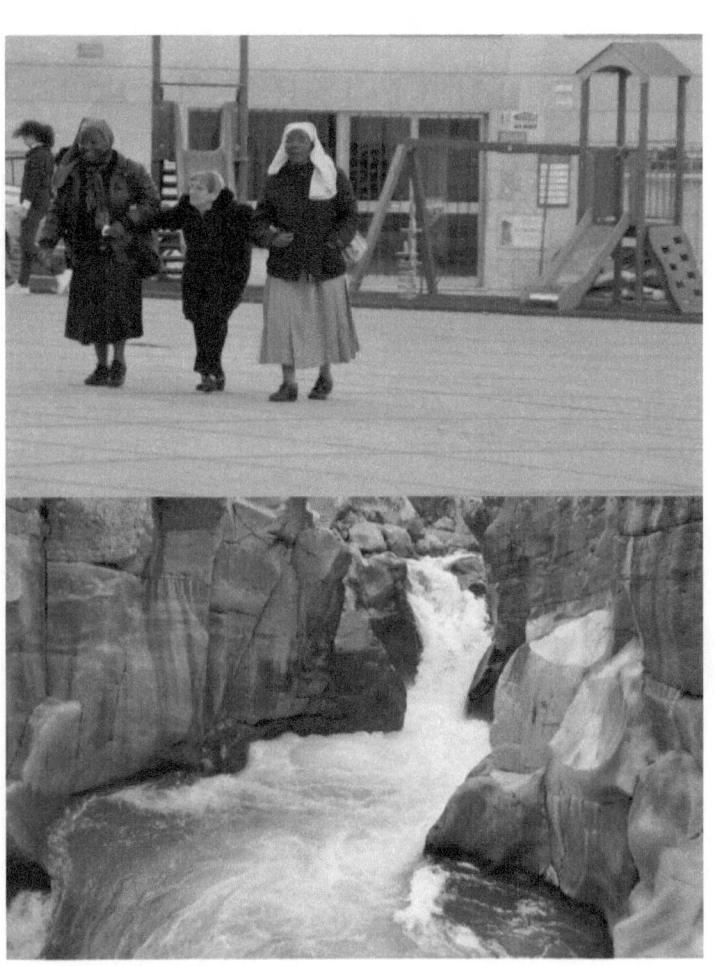

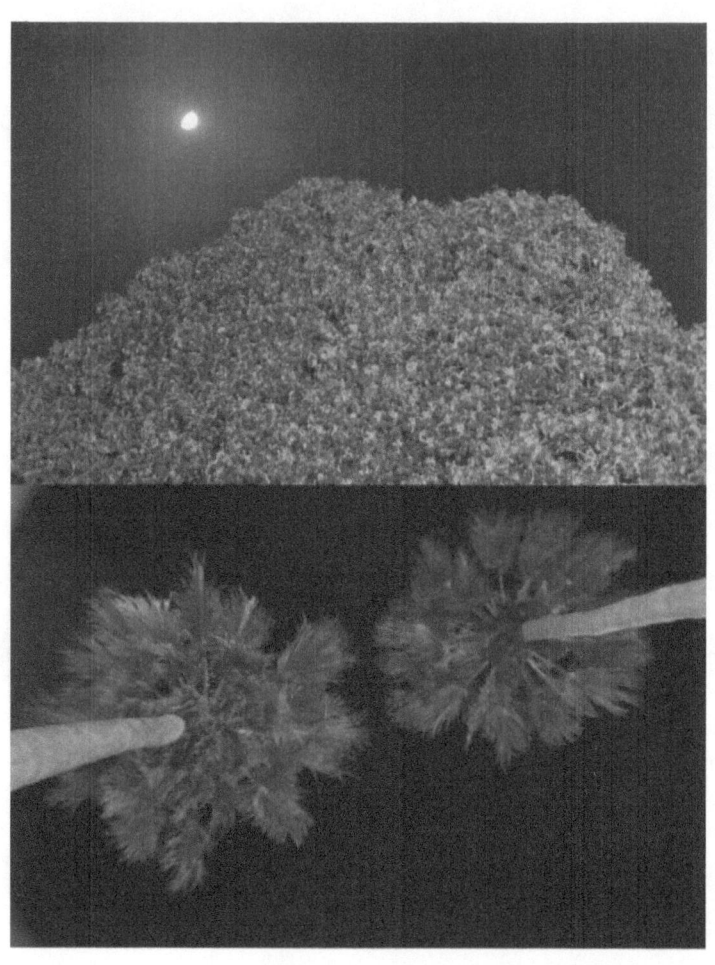

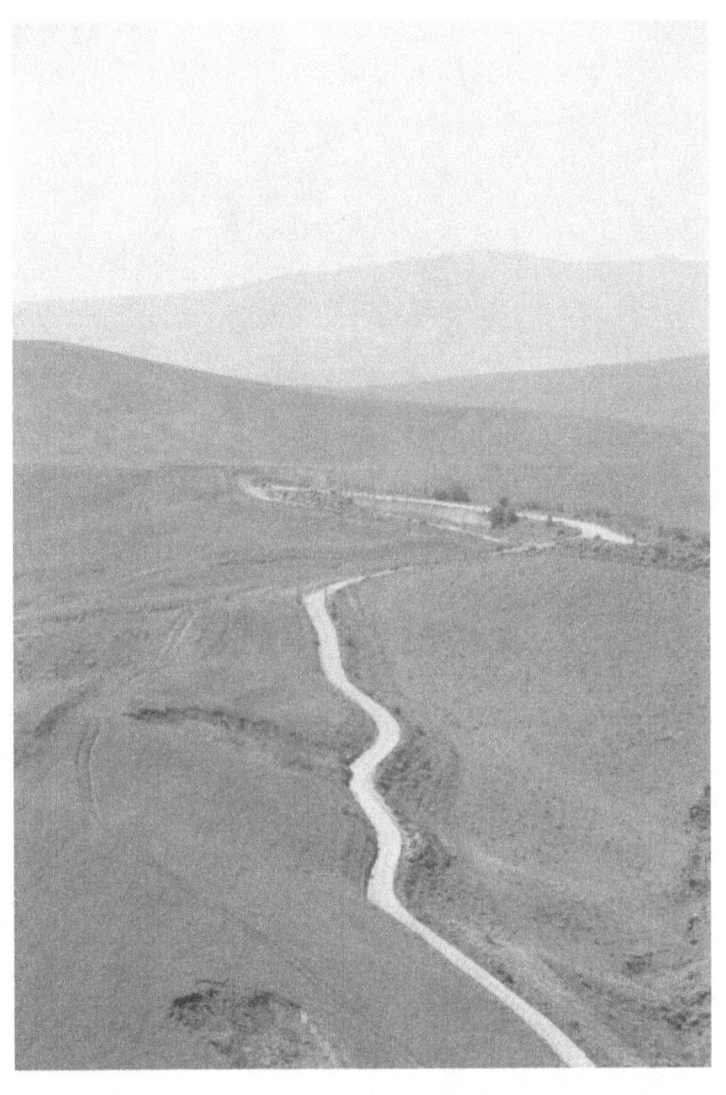

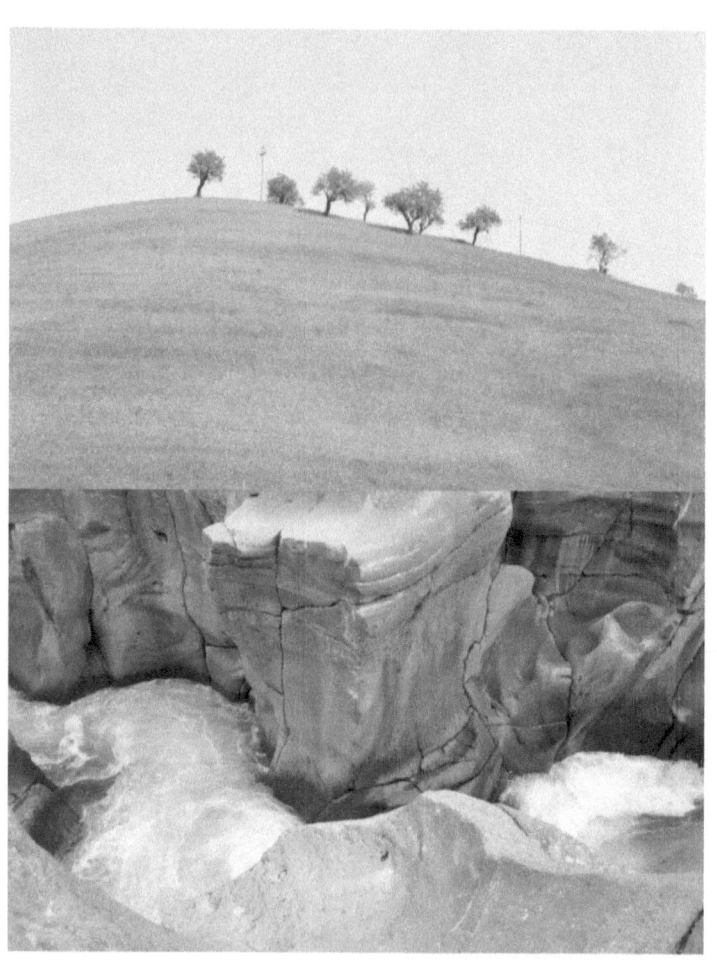

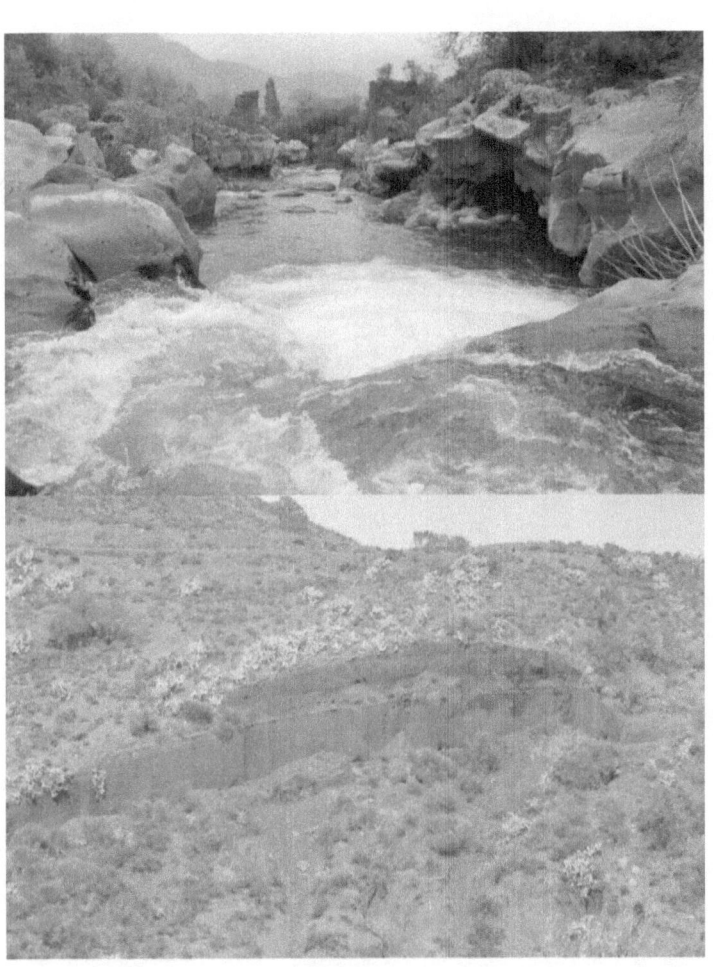

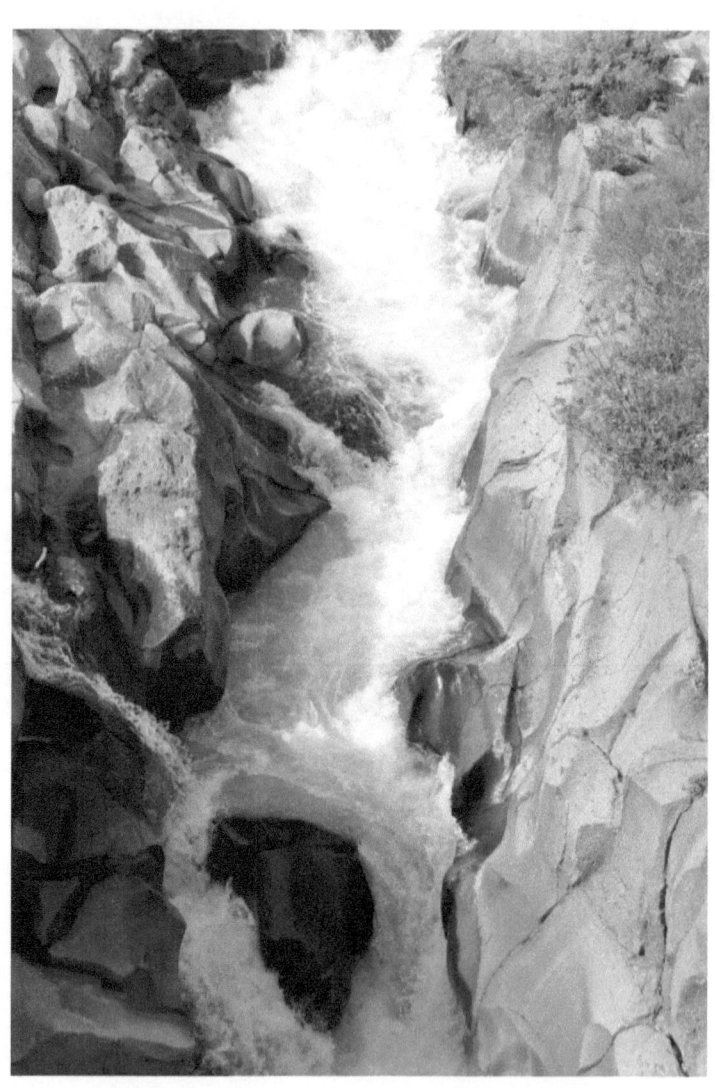

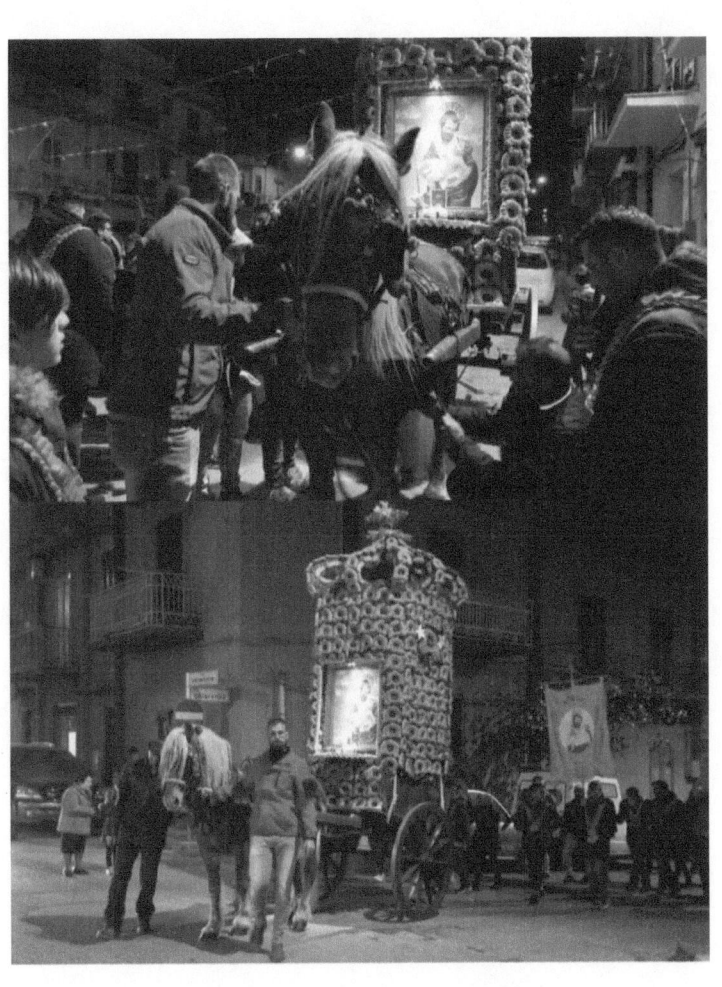

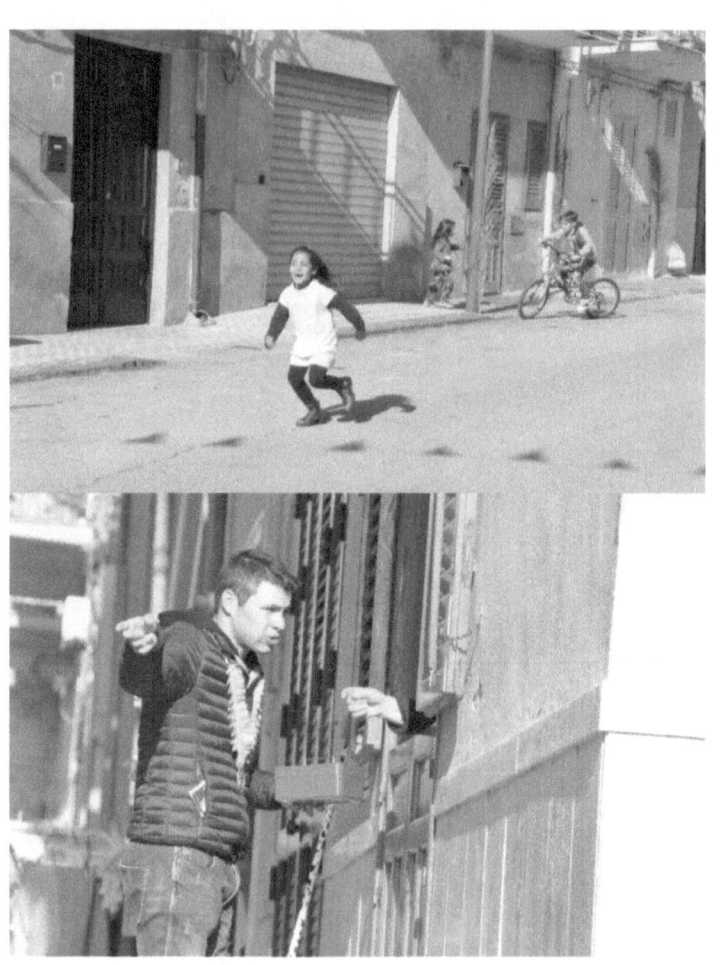

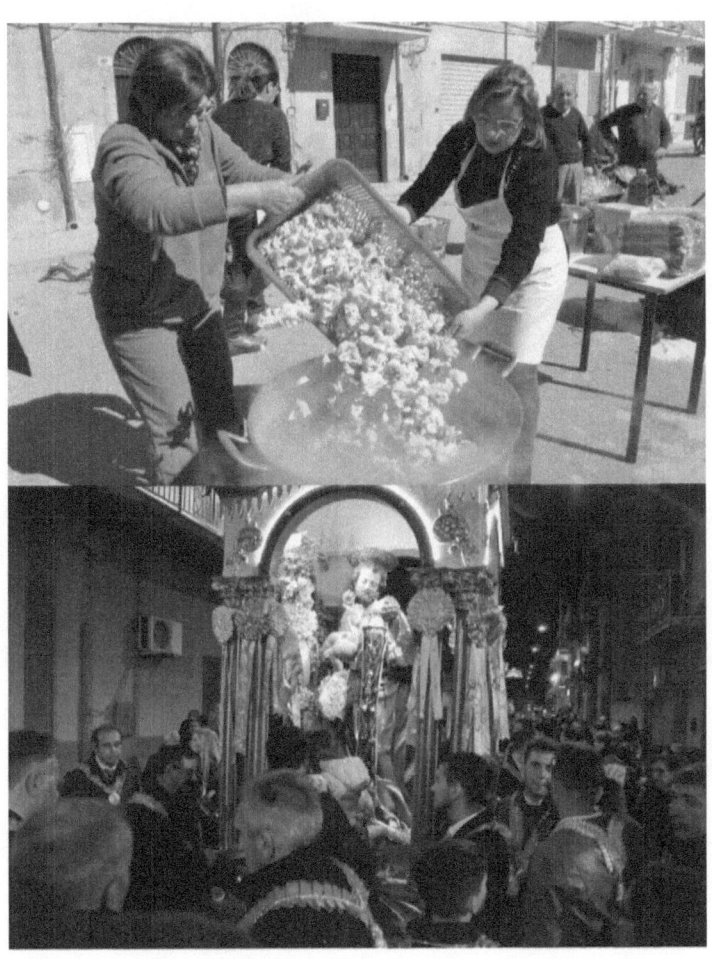

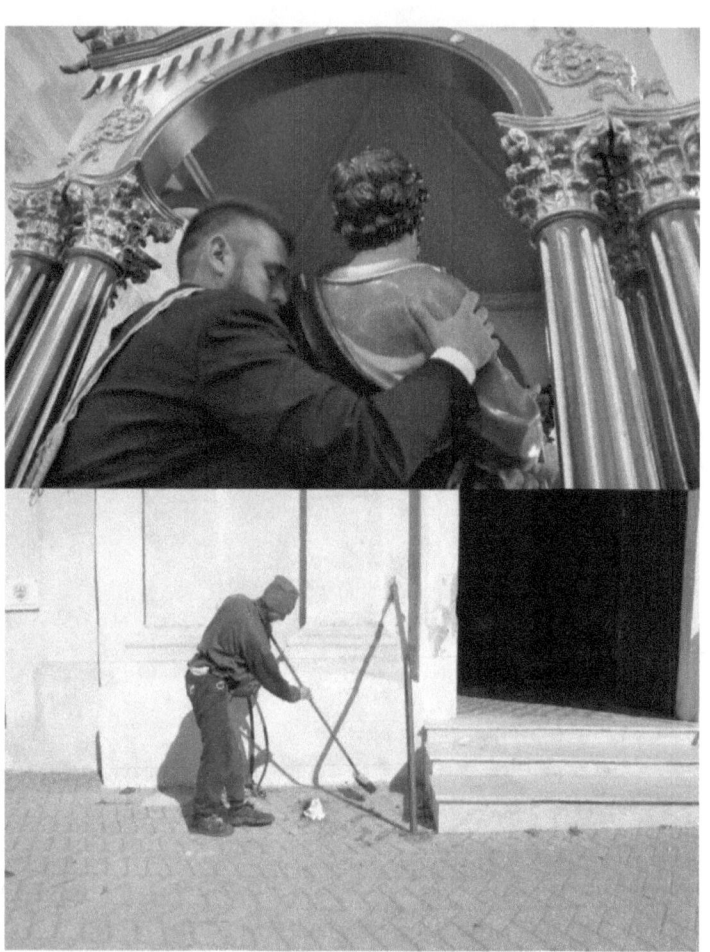

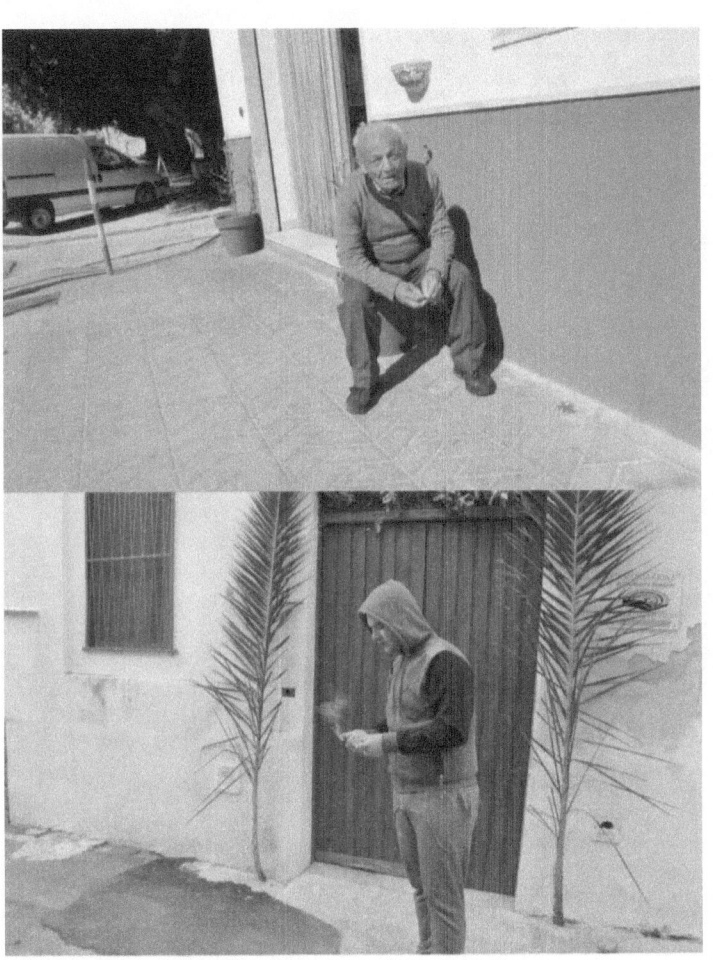

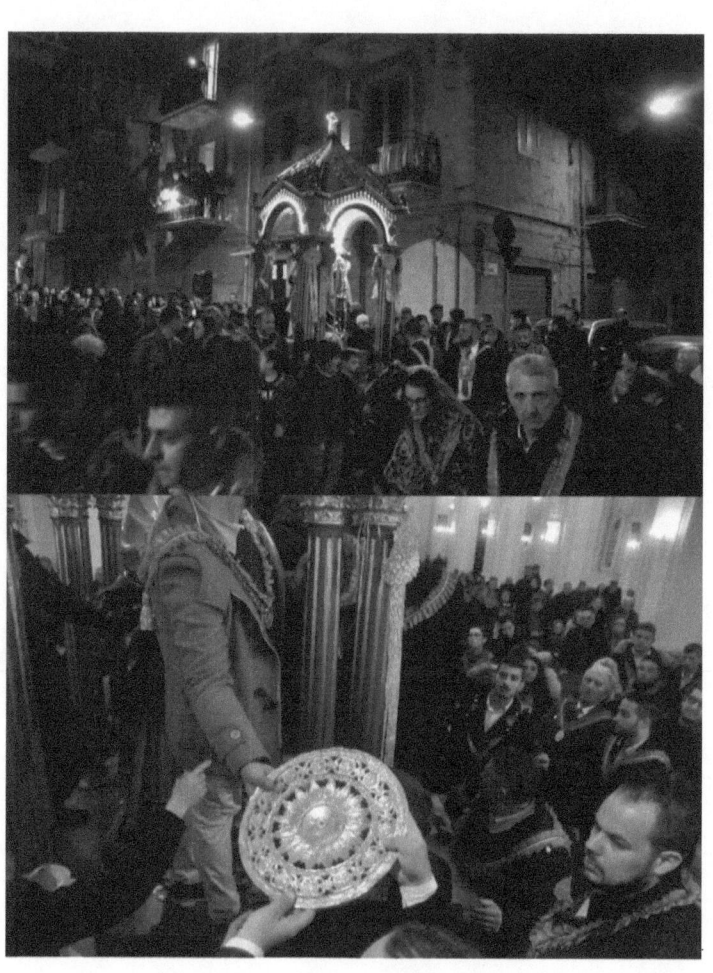

www.ingramcontent.com/pod-product-compliance
Lightning Source LLC
Chambersburg PA
CBHW030558220526
45463CB00007B/3117